NOTICE

SUR LES

SUCCESSIONS MUSULMANES,

PAR

Ch. Solvet,

CONSEILLER A LA COUR ROYALE D'ALGER,

ET

L. J. BRESNIER,

ÉLÈVE DE L'ÉCOLE ROYALE DES LL. OO., MEMBRE DE LA SOC. ASIATIQUE
DE PARIS,
PROFESSEUR A LA CHAIRE D'ARABE A ALGER.

Extrait de la Chrestomathie arabe-vulgaire.

ALGER,
IMPRIMERIE DU GOUVERNEMENT.

1846.

NOTICE

SUR LES

SUCCESSIONS MUSULMANES,

PAR

Ch. Solvet,

CONSEILLER A LA COUR ROYALE D'ALGER,

ET

L. J. BRESNIER ,

ÉLÈVE DE L'ÉCOLE ROYALE DES LL. OO., MEMBRE DE LA SOC. ASIATIQUE
DE PARIS,

PROFESSEUR A LA CHAIRE D'ARABE A ALGER.

----&8◇8&----

Extrait de la Chrestomathie arabe-vulgaire.

----&8◇8&----

ALGER,

IMPRIMERIE DU GOUVERNEMENT.

1846.

Cette notice, faite uniquement pour servir d'expli-
cation à un tableau des successions musulmanes
suivant le rite maléki , que **M.** Bresnier a témoigné
le désir d'introduire dans sa *nouvelle Chrestomathie*,
n'était pas d'abord destinée à être imprimée séparé-
ment. C'est ce qui explique dans quel cadre étroit
on a dû la renfermer. Toutefois , quelque imparfaite
qu'elle soit , sans doute , nous nous sommes hasar-
dés à la détacher du volume auquel elle appartient
dans l'espérance qu'elle pourrait intéresser, d'autant
plus qu'il n'existe encore aucun travail fidèle et com-
plet sur la matière qu'elle traite. Nous ne la don-

iv

nons, néanmoins, que comme une sorte de *spéci-
men* de la manière dont il nous semble que devraient
être étudiées les différentes parties de la législation
musulmane.

NOTICE

SUCCESSIONS MUSULMANES.

عن ابي هريرة قال قال رسول الله صلعم تَعَلَّمُوا الْفَرَائِضَ وَعَلِّمُوهَا فَإِنَّهُ نِصْفُ الْعِلْمِ

D'après Abou-Horaïra, le Prophête a dit :
« Étudiez les commandemens qui règlent les
» parts d'héritage, et enseignez-les : c'est la
» moitié de la science. » *El Khazin*, Comment.
du Coran, (chap. IV., ms. 256).

Le tableau dont nous donnons ci-après le texte et la traduction, et qui est attribué à l'Imam Ebn-'Arafa (1), n'a pas encore été publié. Il suffit pour résoudre toutes les questions relatives aux droits de succession des divers héritiers que reconnaît la loi musulmane. Mais, pour en faciliter l'usage, nous avons cru devoir y joindre quelques notions et quelques explications nécessaires.

Le droit de succession, dérivé naturellement du droit de propriété, est aussi ancien que les sociétés. Avant Mahomet il existait certainement chez les Arabes ; ce législateur n'a fait que le modifier ; et, par ses nouvelles institutions, il a voulu principalement réformer certaines coutumes iniques et barbares. Les Arabes payens, par exemple, refusaient ordinairement aux femmes et aux orphelins

(1) *Mohammed Ebn-'Arafa El-Ouerghammi El-Touneci, Imam El-Maghreb*, qui vivait au commencement du huitième siècle de l'hégire (vers 1597), suivant le *Kefâïèt El-Mohtâdj*.

de les faire participer à la succession du père de famille , prétendant que les biens ne devaient se transmettre qu'aux héritiers capables de porter les armes. Ils allaient même jusqu'à disposer des veuves malgré leur volonté, comme si leur personne eût été comprise dans la succession de l'époux (1). Mahomet ordonna d'abord , en général , de ne faire aucun tort aux orphelins et de respecter les femmes ; puis il défendit, en particulier , de s'emparer de celles-ci contre leur gré , à titre de droit héréditaire , et il leur assigna , suivant différens cas déterminés , une quote-part des biens que laisseraient après eux leurs père et mère , leur époux, leurs enfans ou leurs proches parens.

Les préceptes de Mahomet , par rapport au droit de succession, se trouvent principalement épars dans le quatrième chapitre du Coran (2). Ils sont d'obligation étroite, et c'est avec ces préceptes, complétés par les anciens usages et la Tradition, que les jurisconsultes de toutes les sectes orthodoxes ont établi la doctrine que nous allons succinctement analyser.

Chez les Musulmans , tous les biens meubles ou immeubles d'une personne décédée, possédés à titre de propriété , composent sa succession, déduction préalablement faite, 1° des frais funéraires , 2° de toutes les dettes civiles , 3° de tous les legs *valides*, c'est-à-dire de tous ceux dont la somme n'excède pas le tiers de l'hérédité , lorsqu'il reste des héritiers légaux.

Il faut remarquer toutefois, que , dans ce cas , si la loi n'empêche pas positivement de disposer par acte de dernière volonté en faveur d'étrangers , les docteurs cependant regardent comme un

(1) Coran, ch. iv, v. 23, édit. Flügel. V. aussi Pococke. Spec. p. 337.

(2) Cor. ch. iv (les Femmes), v. 8, 9, 12, 17, 23, 36 et 175.

acte injuste de frustrer ses héritiers de quelque partie de son patrimoine , à moins que ce ne soit pour des œuvres pies.

D'un autre coté , lors même qu'il n'existerait aucun testament ni aucune disposition dernière en faveur des pauvres , le Coran conseille aux héritiers saisis de donner, sur la masse, et avant tout partage , pour peu que la valeur intrinsèque de la succession le comporte, quelque chose aux orphelins et aux indigens , particulièrement à ceux des parens du décédé qui ne sont pas appelés à sa succession (1).

La succession s'ouvre par la mort naturelle, et, suivant notre vieille expression si énergique, *le mort saisit le vif* ; de sorte que le décès presque simultané de plusieurs individus d'une même famille héritant l'un de l'autre , ne saurait faire tort aux droits de ceux d'entre eux qui n'auraient survécu que de quelques instans. On suit, dans ce cas, l'ordre graduel des décès pour attribuer la succession aux héritiers vivans du dernier défunt.

Mais si plusieurs personnes respectivement héritières les unes des autres venaient à périr toutes ensemble dans une même catastrophe, sans qu'il fût possible de déterminer laquelle a survécu, elles seraient réputées étrangères l'une à l'autre , et la succession de chacune d'elles en particulier serait dévolue à ses héritiers vivans. C'est là , dit un auteur musulman, la vraie et saine doctrine (2).

(1) Cor. ch. iv, v. 9.

(2) Ebn-el-Motakanna. (Abou Abdallah Mohammed ben Ali, ben El Hoçeïn El-Rahabi auteur du traité en vers intitulé : *Bar'iet el-Báhit 'an Djoumal el-Mewárit*, le désir de celui qui veut approfondir les questions des successions). Est-il besoin de faire remarquer que cette règle s'écarte de notre droit, qui, dans le cas semblable, qu'il prévoit aussi, a établi des présomptions de survie

L'enfant conçu à l'époque de l'ouverture de la succession est réputé né. Il a donc, dès lors, un droit acquis à la succession.

Ainsi, par exemple, si une femme se trouvait enceinte à la mort de son mari, on devrait prélever sur l'héritage de ce dernier la part provisoire d'un enfant *mâle* (1), ou, suivant *sidi Khelil*, suspendre le partage jusqu'à la naissance (2).

Toutefois il faut qu'il naisse vivant ; et un enfant serait réputé vivant et habile à succéder , pour transmettre ensuite ses droits à ses propres héritiers , s'il mourait ayant plus de la moitié du corps hors du sein de sa mère (3).

fondées, non seulement sur les circonstances du fait, mais encore, à leur défaut, sur la force de l'âge et du sexe. V. art. 720 et suiv. du Code civil.

(1) On verra, par ce qui suit, la cause de cette distinction d'un enfant *mâle*.

(2) *Mokhteçar*, chap. :   يخرج من تركة الميت

Khelil ben Ishak ben Cho'aïb El-Djoundi, est auteur d'un célèbre *compendium* du droit Maleki, intitulé MOKHTEÇAR ou *Abrégé*, et de quelques autres ouvrages. Il mourut , suivant Zerrouk, en 976 (1568). *(Kefáïèt El-Mohtâdj.)*

(3) Remarquons, en passant, que notre Code civil, qui établit nécessairement en principe que, pour succéder, il faut exister à l'époque de l'ouverture de la succession, exclut, par conséquent, comme inhabiles à exercer aucun droit : 1° celui qui n'est pas encore conçu, 2° celui qui n'est pas né viable (C. C. art. 725). Mais le point de savoir si l'enfant est né *viable* engendre ordinairement beaucoup de controverses et de questions de médecine légale qui ne peuvent s'élever chez les Musulmans. Pour eux, il ne s'agit que de savoir si l'enfant est né mort ou vivant, et ce point se résout par un fait facile à prouver par témoins, au moins par le témoignage de la sage-femme.

Les Musulmans reconnaissent quatre causes d'incapacité absolue de succéder : 1° l'homicide volontaire et même involontaire (1); 2° l'état de servitude, 3° la différence de religion ; 4° celle de pays.

D'après cela : si l'appelé directement à une succession est le meurtrier du défunt, à moins que celui-ci n'ait été mis hors la loi, comme les apostats, les rebelles etc.; s'il est esclave, et par conséquent sans aucun droit civil ; s'il ne professe pas la religion musulmane, ou si, même étant musulman, il appartient à un pays étranger, ses droits passent à l'héritier le plus proche après lui. Néanmoins

(1) والقتل يمنع الارث عمدًا كان القتل او خطاء

« *Le meurtre empêche la succession, qu'il soit volontaire ou in-* » *volontaire (* ĸʟ-Kʜᴀᴢɪɴ *, loco citato).*» *Quelques uns*, ajoute un peu plus loin cet auteur, *prétendent que si l'homicide est involontaire, l'auteur du meurtre est habile à hériter.* Khelil, d'après l'imam Malek, ne parle que du meurtre volontaire :

ولا (يــرث) فاتلُ عَمَّدًا عُدوانًا وان اتى بشبَهِه

n'hérite pas non plus l'auteur d'un meurtre volontaire et commis par scélératesse, quand même il en aurait payé l'équivalent (Kʜᴇʟɪʟ *, loc. cit).*

L'homicide, même involontaire, est toujours une faute grave chez les Musulmans. Voici à cet égard ce que dit le Coran, ch. ɪᴠ, v. 94. (Nous nous servons de la traduction latine de Maracci).

« Et non est (licitum) *fideli* occidere *fidelem*, nisi (sit) per errorem. Qui vero occiderit fidelem per errorem, debet *liberare fidelem a servitute et mulcta persolvenda familiæ ejus (id est occisi) nisi condonaverint, (erit pœna illius).* Quod si (occisus), fuerit ex gente inimica vobis, sed ipse sit fidelis, (debet occisor *solummodo*) liberare cervicem fidelem. Et si (occisus) fuerit *ex gente vobis fœderata, (occisori incumbet solvere) mulctam tradendam familiæ ejus, et liberare cervicem fidelem.* Qui autem non invenerit (cervicem fidelem, quam liberet, observet) jejunium duorum mensium continuatorum : pœnitentiam (injunctam) à Deo, etc.

tóutes ces exclusions n'étant que personnelles, elles n'infirment pas les droits des enfans de l'incapable, ni de ses autres héritiers légitimes (1).

Enfin, tous les enfans, qu'ils soient nés en mariage ou hors mariage, ont des droits égaux , selon leur sexe , à la succession de leurs père et mère ou de leurs parens , pourvu qu'ils soient nés d'une union non prohibée par la loi. Or , on sait que les Musulmans peuvent non seulement avoir jusqu'à quatre femmes en mariage, mais encore autant de concubines qu'ils possèdent de femmes esclaves (2).

La loi ne rejette de la succession du père de famille comme bâtards, que les enfans nés d'une union désordonnée (3), ou bien ceux désavoués solennellement par le mari (4). Ces enfans n'ont de droit d'hérédité qu'avec leur mère, droit que celle-ci transmet en mourant au plus proche de ses héritiers légitimes.

(1) Ebn-el-Motakanna. Parmi les quatre causes d'incapacité ci-dessus mentionnées, deux sont particulières aux Musulmans ; et des deux autres tout le monde sait que nous n'en admettons qu'une d'une manière absolue: celle résultant de l'action d'avoir donné la mort au défunt, que nous appelons cause d'indignité ; mais nous avons aussi d'autres causes d'indignité que ne paraissent pas avoir les Musulmans. V. art. 727 et suiv. du Code civil.

(2) Cor. ch. 4, v. 3, 28; ch. 23, (les Croyans) v. 6, 7. C'est dire assez que les Musulmans ne connaissent pas la distinction que nous faisons d'enfant *légitime* et d'enfant *naturel*. Sous l'empire de la loi du 12 brumaire an II, tous les enfans indistinctement, légitimes ou naturels, ont eu chez nous des droits égaux à la succession de leurs père et mère. Mais cette loi n'a pas eu une longue durée.

(3) *Oulád Zena*, scorti filii.

(4) *Oulád Mould'ana*, maledictionis filii.

Ces préliminaires établis, peu de mots suffiront pour expliquer le système des Musulmans par rapport à l'ordre de successibilité, et à l'importance des droits de succession des différens héritiers.

La transmission des biens par succession a pour cause, disent les docteurs musulmans, la parenté, le mariage et le patronage.

En effet, la loi appelle à l'hérédité :

1° Les descendans du défunt, enfans, petits-enfans, arrière-petits-enfans (du fils) à l'infini ;

2° Les ascendans, c'est-à-dire le père, la mère, les aïeux (grand père et grand'mère paternels, ainsi que la grand'mère maternelle), les bisaïeux etc. ;

3° Les collatéraux, tels que le frère et la sœur germains, consanguins ou utérins, les neveux (fils du frère germain ou consanguin), les oncles paternels germains ou consanguins, les cousins (fils de ces derniers) ;

4° Le conjoint survivant (époux ou épouse) ;

5° Le patron ou la patronne, si le défunt est un esclave affranchi, et réciproquement l'affranchi.

On voit qu'en ligne collatérale l'ordre de successibilité s'éloigne absolument du nôtre (1), puisqu'il repousse tous les parens de la ligne maternelle, à l'exception des utérins, et qu'il se rapproche au contraire de celui établi par la loi de Moïse (2) et par l'ancienne loi romaine, qui, à défaut d'héritiers *siens*, c'est-à-dire d'enfans et de petits-enfans, déférait l'héritage au plus proche *agnat* du défunt (3).

(1) Conf. l'art. 733 et suiv. C. C.

(2) *Lib. Numer.* C. 27.

(3) *Instit. de legit. agn. succ.*, et *de Senatusc. Tertull.*

Comme la loi musulmane, qui compte les degrés de parenté de
la même manière que nous, n'appelle à l'hérédité qu'un petit
nombre de parens de la ligne paternelle (1) , dont le plus proche
exclut toujours le plus éloigné ; comme elle rejette absolument la
représentation, et qu'elle admet , au contraire , *le privilège du
double lien* (2), rien ne serait plus facile que l'attribution de l'héritage et des droits qui en découlent , si l'on n'avait à observer
qu'une règle générale établie par le Coran , d'après laquelle tous
les co-héritiers mâles partagent par tête , tandis que dans le concours de co-héritiers de sexe différent, au même degré de parenté
les hommes doivent prendre *deux parts* et les femmes *une* seulement (3). Mais il y a plusieurs causes qui rendent embarras-
sante pour un Européen surtout , l'appréciation des droits de

(1) Chez nous, les parens collatéraux héritent jusqu'au douzième
degré inclusivement (art. 755 C C.) Chez les Musulmans, le droit
d'héritage s'étendant, au plus, jusqu'au cousin issu du grand oncle
(oncle de l'aïeul paternel, *patruus major*), ce droit s'arrête au
sixième degré. La difficulté pour les Musulmans, qui n'ont pas
d'état civil, de prouver leur filiation, a dû nécessairement faire
limiter le nombre des degrés successibles, quand même il n'y
aurait pas encore d'autres causes.

(2) Personne n'ignore ce que c'est que la *représentation*. Notre
droit l'admet à l'infini dans la ligne directe descendante, et, en
ligne collatérale , seulement en faveur des enfans ou descendans de
frères ou sœurs légitimes du défunt. Quant *au privilège du double
lien*, il consiste dans la préférence donnée au parent lié au défunt
par le père et par la mère, sur celui qui ne se rattache à la famille
que par l'un ou l'autre : par exemple, au frère germain sur le
frère consanguin.

(3) Coran, ch. IV, v. 12. Cette règle n'a qu'une exception qui
sera notée plus loin.

chacun dans une succession musulmane. La première , c'est que le conjoint survivant hérite toujours d'une part de l'hérédité , part qui varie de quotité selon son sexe et la qualité des héritiers en concours avec lui (1).

La seconde , c'est que le père et la mère, ou les aïeux , ne sont pas exclus par la postérité de leurs enfans , et que différentes circonstances leur donnent des droits différens (2).

La troisième, c'est que toutes les femmes, en général, ainsi que les utérins des deux sexes, qui viennent à la succession par leur droit propre et par leur proximité de degré de parenté avec le défunt, n'absorbent jamais la totalité de l'héritage , mais qu'ils n'ont qu'une part plus ou moins forte , selon qu'ils sont en nombre singulier ou en nombre pluriel ; le reste revenant à l'héritier mâle du degré supérieur , qui entraîne alors avec lui l'héritier du sexe féminin de son degré, lequel sans cela aurait pû être exclu.

La quatrième, enfin, c'est que le *privilège du double lien* n'est pas absolu à l'égard de certains héritiers.

Aussi, divise-t-on tous les héritiers énumérés ci-dessus en deux classes distinctes : *les héritiers à portion légale,* appelés en arabe *sâheb el-ferdh* , et *les héritiers universels,* appelés *'áceb* (3).

---

(1) Nous rappelons que chez nous le conjoint survivant n'hérite qu'à défaut de parent au degré successible. (Art. 767 et suiv. C. C.)

(2) Rappelons encore que chez nous le père ou la mère n'hérite d'un enfant prédécédé que lorsque cet enfant n'a pas laissé de postérité. (Art. 746 et suiv. C. C.)

(3) *Ferdh* veut dire proprement : *ce qui est établi* par Dieu (quod statutum est a Deo): ainsi *sâheb el-ferdh* peut être traduit par : *celui à qui appartient la part établie par Dieu.* —*'Aceb* vient du verbe *'açaba,* qui veut dire , à la première forme : *separata*

Les héritiers *à portion légale*, que nous pourrions, jusqu'à un certain point, comparer à ceux que nous nommons dans notre droit *héritiers à réserve*, sont : la mère, l'aïeule maternelle et paternelle, la bisaïeule, etc., la fille et la petite fille ou l'arrière petite-fille (filles du fils), etc., le conjoint (l'époux, l'épouse ou les épouses), les sœurs germaines et consanguines, le frère et la sœur utérins, le père, l'aïeul et le bisaïeul paternels ; mais ces trois derniers seulement quand ils viennent à la succession concurremment avec un ou plusieurs descendans en ligne directe ; car, en tout autre cas, ils rentrent dans la classe des *héritiers universels*.

Toutes ces diverses personnes n'ont droit qu'à des portions de l'héritage déterminées irrévocablement par la loi des lois, c'est-à-dire par le Coran ; et ces portions, qui sont toujours, selon les cas, soit la moitié, soit le quart, soit le huitième, soit les deux tiers, soit le tiers, soit le sixième de l'actif de la succession, se

simul comprehendit, continuitque, et à la deuxième forme : *dominum ac caput familiæ constituit*. 'Aceb signifie par conséquent *celui qui est constitué maitre et chef de la famille*.

Les Musulmans distinguent, un peu subtilement peut-être, trois sortes d'héritiers 'Aceb, savoir, 1° el-âceb *bi-nefsi-hi, l'âceb par lui-même*, ou l'*âçeb* proprement dit ; c'est tout héritier mâle arrivant à la succession par son propre droit, comme le fils, le frère etc. ; 2° el-'âceb *bi-ghaïri-hi, l'âceb par le moyen d'un autre*, c'est par exemple, la femme qui, se trouvant au même degré de parenté qu'un mâle 'aceb *par lui-même*, partage la qualité de ce dernier, comme la fille avec le fils, la sœur avec le frère ; 3° enfin, el-'âceb *ma' ghaïri-hi, l'âceb avec un autre*, c'est celui qui par son propre droit vient concurremment avec un autre 'âceb, comme un frère avec un frère, ou bien encore, par exemple un aïeul du défunt avec un frère du même défunt. En effet, le premier, au deuxième degré en ligne ascendante, partage avec le second, qui se trouve aussi au deuxième degré en ligne collatérale.

distribuent de la manière que nous allons indiquer (1).

La *moitié* est dévolue , 1° à la fille ou à la petite fille (fille du fils),etc., à la sœur germaine ou à la sœur consanguine, quand elles viennent de leur chef à la succession sans co-héritier mâle ; 2° à l'époux survivant, quand l'épouse défunte n'a laissé aucun descendant de l'un ou de l'autre sexe.

Le *quart* devient la part héréditaire de ce dernier, quand il arrive à la succession de l'épouse concurremment avec un ou plusieurs descendans de l'un ou de l'autre sexe issus du mariage.

C'est encore la part de l'épouse ou des épouses survivantes, lorsqu'il n'existe aucun descendant du défunt.

Le *huitième* échoit, au contraire, à celles-ci, s'il y a un ou plusieurs descendans de l'un ou de l'autre sexe.

Les *deux tiers* sont attribués à toutes les filles ensemble, quand il y en a deux ou davantage , à toutes les petites filles ou arrière petites-filles , etc., ou à toutes les sœurs, soit germaines soit consanguines.

Le *tiers* appartient à la mère lorsque l'enfant défunt n'a laissé ni postérité masculine ou féminine, ni plus d'un frère ou d'une sœur. — Cette règle, qui est absolue, s'applique lors même que la mère viendrait à la succession de son enfant en concurrence avec des mâles : ainsi , supposez pour co-héritiers une mère , un père et un époux , la mère devra toujours avoir le tiers de l'héritage.

Le *tiers* est encore la part de tous les utérins des deux sexes, lorsqu'il en existe plusieurs , et le partage se fait toujours entre eux, par tête, sans distinction de sexe. C'est là l'unique exception

(1) C'est particulièrement pour cette partie du droit des successions qu'on peut consulter le chapitre iv du Coran, aux versets notés plus haut.

au principe général dont nous avons parlé plus haut, et d'après lequel les mâles co-héritiers avec des femmes au même degré de parenté doivent avoir deux parts contre une.

Enfin, le *sixième* est assigné à sept personnes différentes :

1° A l'utérin de l'un ou de l'autre sexe en nombre unique.

2° Au père et à la mère : à celle-ci, quand elle hérite de son enfant défunt, conjointement, soit avec un ou plusieurs descendans de l'un ou de l'autre sexe, soit avec plusieurs frères ou plusieurs sœurs germains, consanguins ou utérins dudit enfant; à celui-là, quand il hérite avec un ou plusieurs descendans mâles de l'enfant décédé;

3° A l'aïeul ou au bisaïeul paternel dans les mêmes circonstances que le père;

4° A l'aïeule ou à la bisaïeule maternelle, quelle que soit la qualité de l'héritier avec lequel elle est en concours. S'il se trouvait deux aïeules au même degré, c'est-à-dire, la grand'mère maternelle et la grand'mère paternelle, elles partageraient le sixième entre elles.

5° A la petite-fille ou aux petites-filles (filles du fils), quand il n'y a pour héritière au premier degré qu'une seule fille germaine ou consanguine;

6° A la sœur ou aux sœurs consanguines, lorsqu'il n'existe aussi au premier degré successible qu'une sœur germaine.

Il faut remarquer que, dans cette classe d'héritiers, l'aïeul paternel ne vient qu'au défaut du père, le bisaïeul au défaut de l'aïeul, etc.; que l'aïeule maternelle ne vient également qu'au défaut de la mère; que plusieurs filles co-héritières excluent la petite fille, comme plusieurs sœurs germaines excluent aussi la

sœur consanguine (1), tandis qu'il en est autrement dans le cas
où il n'y a qu'une seule fille avec une ou plusieurs petites-filles,
ou qu'une seule sœur germaine avec une ou plusieurs sœurs
consanguines. Il faut encore remarquer que, par une faveur sin-
gulière, le frère et la sœur utérins ne sont jamais exclus ni par
les frères ni par les sœurs germains ou consanguins.

(1) Cela doit être entendu strictement en ce sens, que la petite-
fille ou la sœur consanguine n'a pas droit *à une portion légale*
dans le cas dont il s'agit ; mais cela ne veut pas dire que la petite-
fille ou la sœur consanguine soit toujours, dans ce cas même,
exclue entièrement de la succession ; car, si par exemple, il existait
avec elle un petit-fils ou un frère consanguin, ces deux-ci respectivement les plus proches héritiers après les filles ou après les sœurs
germaines, devant recueillir le restant de la succession après prélèvement de la portion légale, feraient revivre, l'un, le droit de la
petite-fille, l'autre, le droit de la sœur consanguine, puisqu'ils se
trouveraient chacun au même degré que chacune d'elles ; et alors
les mâles et les femmes partageraient ce restant suivant la règle
commune du partage entre co-héritiers de sexe différent. La petite fille et la sœur deviendraient dans ce cas, *'aceb bi ghaïri-hi,*
'aceb par le moyen d'un autre. (V. la note (3) page 13.)

Donnons un exemple : un homme meurt laissant une fille, une
petite-fille et un père.

La fille a la moitié de la succession, la petite fille, le sixième,
le père, le restant.

S'il laisse plusieurs filles, une petite fille et un père, les filles
ont deux tiers, le père, le reste, la petite-fille est exclue.

Mais laisse-t-il, au contraire, plusieurs filles, un petit-fils, une
petite-fille et un père, les filles auront toujours deux tiers, le père
un sixième seulement, et le reste, c'est à dire un autre sixième,
reviendra au petit-fils et à la petite-fille, égaux en degré, qui le
partageront suivant la règle ordinaire.

Cette note anticipe un peu sur la suite du texte, mais on pourra
y revenir.

Telle est, en résumé, la doctrine relative aux *héritiers à portion légale ;* passons aux héritiers de la seconde classe , c'est-à-dire aux *héritiers universels.*

Les héritiers universels ou *'áçeb* sont tous les parens mâles de la lignée masculine , comme le fils, le petit-fils , l'arrière-petit-fils (fils du fils) , le père , l'aïeul paternel , le bisaïeul , etc., le frère germain , le frère consanguin , le neveu (fils du frère germain), le neveu (fils du frère consanguin), l'oncle germain, l'oncle consanguin , le cousin (fils de l'oncle germain) , le cousin (fils de l'oncle consanguin) , le grand oncle , *patruus magnus* (oncle germain du père) , le grand oncle (oncle consanguin du père), le grand cousin (fils du grandoncle germain), le grand cousin, (fils du grand oncle consanguin) , le grand oncle , *patruus major* (oncle germain de l'aïeul paternel) , le grand oncle (oncle consanguin de l'aïeul paternel), le grand cousin (fils de l'oncle germain de l'aïeul) , le grand cousin (fils de l'oncle consanguin dudit aïeul).

Ensuite , à défaut de ceux-ci , viennent comme *'áceb* et comme assimilés aux héritiers du sang, le patron ou la patronne , s'il s'agit de la succession d'un esclave affranchi (1) , et l'affranchi, s'il s'agit de la succession d'un patron.

Tous les héritiers de cette seconde classe , qui sont probablement les seuls que reconnaissait l'ancienne coutume des Arabes, sur laquelle Mahomet a greffé, en quelque sorte, ses nouvelles institutions, tous les héritiers de cette seconde classe, disons-nous, arrivent à la succession dans le rang que nous leur avons assigné, le plus proche excluant le plus éloigné, et chacun d'eux , placé en ordre utile , recueille , soit la totalité de l'héritage , quand

(1) D'après l'ancienne loi romaine le patron et les *siens* arrivaient immédiatement après les enfans de l'affranchi.

il n'y a aucun héritier à *portion légale* qui le précéde en degré, ou qui vienne en concours avec lui , soit le restant de l'hérédité, après le prélèvement des *portions légales* , s'il existe des héritiers de cette qualité. Plusieurs héritiers mâles, *'aceb* au même degré de parenté du défunt , partagent par tête ce qui leur revient, et s'il se trouve parmi eux des femmes, telles que des petites-filles ou des sœurs qui deviennent aussi *d'ceb* par le moyen de co-héritiers mâles, le partage a lieu suivant la règle ordinaire entre cohéritiers de sexe différent.

D'après tout ceci, il est évident que dans une succession musulmane, les héritiers *universels* en concours avec des héritiers à *portion légale*, n'ont souvent qu'une très faible part héréditaire. Nous nous dispenserons d'en offrir des exemples, car à l'aide des explications que nous avons données, et surtout du tableau joint à cette notice , chacun pourra facilement faire des applications. Il arrive, même quelquefois, que par suite de la préférence accordée aux héritiers à *portion légale* sur les héritiers *universels*, ces derniers ne recueillent absolument rien. Supposons, en effet, qu'un chef de famille ne laisse en mourant d'autres héritiers que deux filles, une sœur germaine ou consanguine et un neveu : les filles auront deux tiers de la succession ; la sœur , qui ne pourra pas même avoir dans cette circonstance sa part entière, ordinairement d'une moitié , prendra le reste après les filles, et le neveu, héritier *universel* selon la loi, sera par le fait exclu.

Un autre cas bien plus remarquable doit être cité , parceque, dès les premiers temps de l'Islamisme, il fit réellement déroger aux principes du Coran en matière de successions, afin d'échapper à une conséquence injuste : c'est celui où une femme laisse à sa mort pour héritiers , un époux , une mère et un frère utérin conjointement avec un frère germain : les trois premiers, héritiers à *portion légale*, devant prélever, l'un une moitié, l'autre un tiers et le troisième un sixième, il en résulte qu'ils absorbent à eux trois l'hérédité entière, et que le frère germain, préférable cependant au frère utérin, se trouve évincé. Ce cas se présenta, dit-on, pour la première fois sous le calife Othman, qui décida qu'en pareille circonstance, le frère utérin partagerait sa part avec le frère germain. Cette décision ne paraît pas cependant généralement admise (1).

Après avoir expliqué le système des successions, les docteurs musulmans entrent dans de longs détails sur la manière de faire le partage; mais nous ne les suivrons pas sur ce terrain, car il n'est personne qui ne puisse, avec nos méthodes de calcul, parvenir aisément à ce résultat. Nous nous bornerons à dire que le partage d'une succession se fait ordinairement chez le Cadi par le ministère d'un *Adel* (2) désigné particulièrement sous le nom de *Kassâm* ou diviseur d'héritage, et qu'il est dû, pour cette opération, un certain droit calculé sur le montant total des biens à partager.

Il ne nous reste plus qu'un mot à dire sur les successions en deshérence.

Chez les Musulmans lorsqu'un défunt n'a laissé ni parent naturel au degré successible, ni patron, ni affranchi, et qu'il n'a institué ni héritiers adoptifs de ce genre, ni légataire universel (3),

(1) C'est le cas appelé *el-meç'alat-el-mochtaraka* ou *la question de communauté*. Il est admis par le rite chaféite. V. Ebn-Motakanna.

(2) V. *Chrestomathie arabe* de M. Bresnier, p. 278.

(3) V. en ce qui concerne les testamens, le Coran, ch. ii, v. 176, 177 et 178, et le ch. v, v. 105, 106, 107.

ses biens appartiennent à l'État. C'est le principe que nous avons nous-mêmes (1); mais par une conséquence du système de la loi musulmane en matière de successions , l'application de ce principe est très fréquente, et compense peut-être les droits de mutation que l'État perçoit chez nous et que ne connaissent point les Musulmans. En effet, le fisc, sous le nom de *Beït-el-Mâl* (2) occupe le dernier degré de l'échelle des héritiers de tout individu mort *intestat*.

(1) Art. 768 , C. C.

(2) Le mot *Beït-el-Mâl* veut dire proprement *maison des biens* C'est le nom de l'administration musulmane qui recueille toutes les successions et toutes les parts de successions vacantes. Elle conserve aussi en dépôt et elle administre les biens des absens, qui étant co-héritiers avec elle, n'ont pas laissé de représentans chargés de leur procuration.

Afin, qu'il ne puisse échapper aucune succession à sa surveillance, nul individu musulman défunt ne devait autrefois être enterré sans qu'au préalable déclaration du décès lui eût été faite. S'il existait un héritier mâle *'áceb*, elle lui faisait délivrer le cercueil pour transporter le corps au cimetière; si , au contraire, il n'en existait pas, elle se chargeait elle-même de l'inhumation.

Du temps des Turcs, le *Beït-el-Mâl* était administré par un *Oukil* appelé spécialement *Beït-el-Máldji*. C'était un personnage très considéré, occupant le quatrième rang parmi les premiers fonctionnaires du gouvernement du Pacha, c'est-à-dire les *Nâs-el-Makhzen* représentant nos ministres d'état. Il est remarquable qu'au nombre des hauts fonctionnaires de l'ancienne province d'Egypte sous l'administration romaine, Strabon compte un magistrat qui, sous le titre d'*Idiologue*, avait les mêmes fonctions que le *Beït-el-Máldji* chez les Musulmans (Liv. xvii § 7).

Avant notre conquête, le *Beït-el-Máldji* d'Alger avait sous sa direction un Cadi, un Adel, un Khodja, un inspecteur ou vérificateur, un caissier, un chaouch, huit encanteurs, un porteur de

Entièrement assimilé aux *héritiers universels* ou *'áceb*, il en possède tous les droits qu'il exerce à leur défaut. Ce que nous avons dit de ceux-ci s'applique donc de tous points au *Beït-el-Mál*,

cercueil, un homme chargé de laver les morts, et trois biskris pour la garde de l'administration. Tous ces employés recevaient leur salaire chaque semaine, et en outre ils partageaient tous ensemble, à l'exception du porteur de cercueil, de l'homme chargé de laver les morts et des trois biskris, le dixième net de chaque succession dans laquelle le *Beït-el-Mál* remplissait les charges d'héritier. Ils recevaient, de plus, des *usances* ou présens aux quatre grandes fêtes de l'année musulmane. Le *Beït-el-Máldji* était particulièrement gratifié aux mêmes époques par les Beys, les Caïds, le chef de la nation juive et d'autres encore.

Les obligations de l'administration du *Beït-el-Mál* se bornaient, 1° à faire inhumer tous ceux qui mouraient sans héritiers *'aceb*; 2° à faire inhumer pareillement tous les étrangers musulmans et les pauvres; 3° à distribuer des aumônes tous les jeudis aux malades, aux aveugles et aux étrangers musulmans sans famille; 4° enfin, à verser tous les jeudis au trésor du Pacha, pour la solde de la milice, cent réaux boudjous ou cent quatre-vingts francs environ, le réal-boudjou étant estimé un franc quatre-vingts centimes.

Telles étaient autrefois les charges du *Beït-el-Mál*. Elles sont encore les mêmes aujourd'hui, à l'exception de la somme fixe à verser chaque semaine au trésor. Quant à ses revenus, ils sont nécessairement fort diminués par suite de l'éloignement d'Alger des personnes les plus riches.

Le *Beït-el-Mál* est administré maintenant par un oukil musulman ou *Beït-el-Máldji* qui a perdu toute son importance, mais qui a encore sous sa direction quelques employés. Cette administration est réunie à l'administration française de la Mecque et Médine dépendant du directeur des finances, et soumise à sa surveillance; mais elle n'existe guères plus que pour la ville d'Alger. A qui reviennent maintenant dans le reste de l'Algérie les droits de successions vacantes? Ce sont pourtant, chez les Musulmans, des droits pour ainsi dire *régaliens*, que l'on ne devrait pas abandonner, car l'abandon qu'on en fait ne profite probablement pas aux héritiers.

et l'on conçoit aisément que les successions réputées en deshérence doivent être nombreuses , puisqu'il faut comprendre sous cette dénomination, non seulement toutes les successions pour lesquelles il n'existe absolument aucun héritier, mais encore toutes celles où il ne se trouve que des héritiers à *portion légale.*

L'espace nous manque pour apprécier ici le système des Musulmans en matière de successions, système qui n'admet aucune des garanties de notre droit, soit pour les créanciers du défunt, soit pour l'héritier lui-même, telles que les formalités de l'acceptation ou de la répudiation des successions, du bénéfice d'inventaire, etc ; nous ne ferons, en terminant cette notice, qu'une seule observation sur le mode de successibilité particulier à la loi musulmane : c'est qu'étant d'obligation étroite, comme nous l'avons déjà dit, il doit souvent contrarier les sentimens et les affections naturelles du père de famille. En effet , non seulement les fils et les filles sont inégalement traités , mais encore des fils ou des filles d'un fils bien aimé, un frère, une sœur, des neveux ou des nièces sans ressources, sont irrévocablement écartés par la présence d'un héritier plus proche. Aussi , afin d'éluder la loi, les Musulmans. ont dû souvent profiter de la liberté qu'elle leur laisse de disposer du tiers de leurs biens *pour des œuvres pies,* avec la faculté d'en laisser l'usufruit à tels ou tels parens inhabiles à leur succéder. C'est là, sans aucun doute, l'origine des *habous* ou legs pieux, origine plus réelle et non moins fondée que la crainte des confiscations dont on a seulement parlé jusqu'ici.

En favorisant l'aliénation des biens *habous,* notre établissement en Afrique a porté obstacle à de nouvelles constitutions de ce genre, et les prescriptions de la loi musulmane en matière de successions subsistent dans toute leur rigueur, pour ceux des Mu-

sulmans sincèrement attachés à leur religion. Ce n'est pas la première fois que sans le vouloir et même sans le savoir, le peuple
vainqueur froisse le peuple vaincu, par la contrariété de ses
mœurs et de ses usages.

Pour mieux faire comprendre l'application des règles développées plus haut, nous donnons ci-après le texte et la traduction littérale d'un acte de partage de succession dressé au tribunal d'un cadi maleki.

قسمة تركة ميت

الحمد لله   بعد ما توفي وصار الى عفو الله
وغفرانه المرحوم عُمر شاوش عن زوجه الولية
عزيز بنت المرحوم الحاج محمد ابن ربيعة وابنه
منها الولد مصطفى ثم مات الولد بعد عن امه
وعصبته جانب بيت المال ابقاه الله تعالى وحكت
وفرضتها على طريق المناسخة من اربعة وعشرين
سهما ينوب الام منها فى الاولى والثانية عشرة
اسهم وينوب بيت المال اربعة عشر سهما وتلك
جملة الفريضة وخلف متروكا يورث عنه وذلك
اثاث بيته وفرشه وزرع يابس وزرع فى سنبله
ودواب للحرث من اثوار وبغال وغنم وبقر كل ذلك
مشتركا بينه وبين ربيبه محمد بن جنوير وبيع
الكل على سبيل المزايدة تجمع من ثمن الاثاث
ثلاثمائة ريال واحد وثمانون ريالا وسبعة اثمان الريال

ACTE
DE PARTAGE DE SUCCESSION.

Louange à Dieu. Le sieur Omar chaouch ayant été appelé dans le sein de la miséricorde et de la clémence divines, laissa pour héritiers sa femme, la dame Aziza, fille de feu Hâdj Mohammed ben Rebi'a, et le fils qu'il eut d'elle, le jeune Mosthafa. Ce dernier meurt aussi, laissant sa mère pour héritière, et le Beït-el-Mâl (que le Dieu très-haut le conserve!) vient se substituer à ses droits. La succession se trouvant régulièrement, par voie de double hérédité, constituée en vingt-quatre parts (1), la mère représente dix parts au premier titre (comme héritière dans la succession de son mari) et au second titre (comme héritière de son fils), et le Beït-el-Mâl quatorze parts, ce qui forme la totalité de la succession.

Le défunt laissa un héritage à répartir; savoir : les meubles de sa maison, son lit, des grains secs, d'autres en épi; — des bêtes de sommé pour le labour, taureaux, mulets, moutons et vaches, tous indivis entre lui et le fils de sa femme, Mohammed ben Djenouiz.

Le tout fut vendu aux enchères. Les meubles ont produit une somme de 381 réaux 7/8; la moitié du prix des

(1) *Constituée en vingt-quatre parts.* Le nombre de parts d'une succession est déterminé par le dénominateur commun des fractions invariables qui la composent. Ces fractions sont : 1/2,

وتجمع من نصب الزرع والغنم والبقـر والبغـال
ودواب لحرث تسعماية ريال وثمانون ريالا ونـصـب
الريال يُضاف بعضه الى بعض تجمـع منـه الـف
ريال وثلثماية ريال واثنان وستون ريال كلهـا
صغيرة الضرب وترك ديونا عليه ثابتة منها في كهبنه
ثمانية وخمـسون ريالا ونصب وفي مؤنة تجهيزه من
اقبار وما يتعلق به اربعة وخمسون ريالا ولزوجـه
من صداقها مايتا ريال اثنتان واربعة وعشرون
ريال وللعرزى الذى خدمـه خمسة عشـر ريالا
وللخياط بالجزاير ثلاثة وسبعون ريالا ولمحمد بن ابى
خشبة ثلاثة عشر ونصب الريال وفي حصـد
الزرع وما يتعلق به ثمانية وعشرون ريالا وفي ثمـن
حايك للبرادعى خمس ريالات وللحداد على الفطيوى
ثلاث ريالات واجرة الدلال والبـولكبـاش لار الذين
حضروا لبيع المتروك واجرة القسم اربعة وثلاثون
ريالا كلها من النعت تجمـع من ذلك كلـه
باضـافة بعضه الى بعـض خمسماية ريال واربع

grains , des troupeaux , des vaches, des mules et des bê-
tes de labour s'élève à 980 réaux 1|2, qui, réunis au total
précédent, font 1362 réaux petite monnaie.

Il laisse des dettes dûment constatées, savoir :

Pour son linceul .... 58 1|2 réaux
Funérailles , fosse , et ce qui en dépend 54   »
A sa femme, pour solde de sa dot 224   »
Au palefrenier qui le servait 15   »
Au tailleur, à Alger 73   »
A Mohammed ben Bou-Khachba ...... 13 1|2 »
Pour la récolte des grains, etc 28   »
Prix d'un haïk à El-Berâdaï 5   »
Au forgeron Ali el-Kethiwi 3   »
Salaire du crieur et des boulouk-bachi,
     présens à la vente des objets de la
     succession, et droit de partage .. 34   »

tous réaux de l'espèce sus-indiquée (*petite monnaie*).

Le total de ces sommes ajoutées les unes aux autres est

1|4, 1|8, 2|3, 1|3, 1|6. Dans le partage en question, la dame
Aziza a droit à 1|8 dans la succession de son mari, et 1|3 dans
celle de son fils : ces deux fractions représentent 3|24 et 8|24 ;
leur commun dénominateur fixe la quotité des parts. Ladite dame
seule héritière à portion légale , a donc droit à 1|8 ou 3|24 dans
la succession de son mari, et les 21|24 restant appartiennent à son
fils ; mais celui-ci venant à mourir, elle a le tiers des 21|24, ou 7|24,
qui, ajoutés au 3|24, forment un total de 10|24 ; le reste, c'est-à-dire
14|24, à défaut d'autres héritiers , appartient au Beït-el-Mâl.

ريالات اخرجت مما تجمع وفضل للقسم ثمانماية ريال
وثمانية وخمسون ريالا ينوب الزوجة فى الاولى ماية
ريال وسبع ريالات ثمنا من زوجها وينوب الولد
مصطفى سبعماية ريال واحد وخمسون ريالا غير
ربع الريال ينوب امه منها ثلثا مايتا ريال اثنتان
وخمسون ريالا وفضل لجانب بيت المال خمسماية
ريال وخمسة اثمان الريال وختومة فتوصلت الزوجة
بجميع دينها وإرثها التوصل التام كما توصل
صاحب بيت المال لما يخصه التوصل التام
وتوصل كل واحد بدينه التوصل التام وكل
ذلك بحضر العالم العلامة السيد السعد ابن
السيد احمد الغزالى والشيخ الفاضى وهو السيد ابن
عيسى وعدلى المحكمة والعالم الفاضل السيد الحاج
عبد القادر وشهد على جميع ما ذكر كما سطر
ويسر وللجميع على اكمل حال شرعا بتاريخ
اوايل حجة الحرام مُتم عام احد ومايتين والف

de cinq cent quatre réaux (1). Ce chiffre étant retranché du total général (1362 r.), il reste à partager 858 réaux.

La femme, au premier titre, a droit à 107 réaux, huitième (de la succession) de son mari ; et le fils Mosthafa, aux 751 réaux moins un quart restant. La mère, pour son tiers de la succession de son fils, en prélève 250, et il reste au Beït-el-Mâl 500 réaux cinq huitièmes et une kharrouba (2).

L'épouse est ainsi entièrement mise en possession de ce qui lui était dû (de sa dot) et de sa part d'hérédité ; de même que l'administrateur du Beït-el-Mâl perçoit intégralement ce qui lui revenait. Chaque créancier a été complètement désintéressé.

Tout ceci s'est passé en présence du savant, très-docte sieur Sa'ad fils d'Ahmed El-R'azâli ; et du seigneur cadi le sieur ben Aïça ; des deux assesseurs du tribunal ; et du savant, excellent sieur Hadj Abd-el-Kader ben Ahmed.

Témoignage a été porté sur tout ce qui a été mentionné ; tout a eu lieu comme il a été écrit et expliqué, et chacun était dans l'état le plus parfait devant la loi.

A la date du premier tiers de Hedja le sacré, complément des mois de l'an 1201 (1781).

____

(1) *Cinq cent quatre réaux.* L'addition des chiffres donne 508. Les calculs ne sont pas toujours faits avec une précision bien rigoureuse chez les Arabes, à cause de leur ignorance presque totale de l'arithmétique ; cet acte-ci renferme sous ce rapport plusieurs irrégularités.

(2) La kharrouba est une petite pièce de cuivre blanchi, équivalant à o fr, o3, 87, 5. C'est la moitié de la *mouzouna*, monnaie de compte qui vaut six liards.

TABLEAU DES SUCCESSIONS.

Successions Musulmanes. (Rite Maleki)

الحمد لله ربّ ... هذا جدول جمع بيت مسائل الفرائض

ضع أصبعيك على اسم الوارثين ومرّهما منزلا وجنبا فإذا التقيا في بيت فمطلوبك على حكمها فيها الجزء والطول الأيسر للوارث الأعلى والأسفل أو الأيمن للأسفل وحرف ص بدل من النصف و ... من الربع و ... ن الثمن ون الثلثين وث للثلث وس للسدس و ... للتباقي للكل وم للعدم وك للشراء

Application du Tableau.

Si l'on veut déterminer la part afférente à deux héritiers de divers degrés, on cherche les noms de leur degré de parenté avec le défunt, en descendant perpendiculairement du degré inférieur supérieurement jusque vis-à-vis celui qui est placé en bas, on arrive à la case située au sommet de l'angle droit formé par la jonction des deux lignes. Comme, par exemple, dans les Tables de Pythagore, où l'on y lit l'indication cherchée. — Les abréviations dont on s'est servi sont:

f	La totalité
2	le restant
c	communauté
½	la moitié
⅓	le tiers
⅔	les deux tiers
¼	le quart
⅙	le sixième
⅛	le huitième
o	Zéro, zéro

Le nombre ou le chiffre qui, dans chaque case, se place en haut ou à droite, désigne la part de l'héritier inscrit au haut du tableau ou le chiffre placé en bas ou à gauche celle de l'héritier inscrit à côté.

Placez deux doigts sur le nom des deux héritiers, menez-les en descendant et latéralement. La case à laquelle ils se joindront renfermera l'indication cherchée. Le nombre supérieur ou celui à gauche indiquant la part de l'homme. La lettre inférieure ou celle à droite celle de l'héritière. En bas (latéralement) les indications por abréviation.